La única comercialización

Descubre el camino de la autenticidad en un universo de imitaciones.

Derechos de autor

Los derechos de todos los textos contenidos en este libro
electrónico están reservados a su autor, y están registrados y
protegidos por las leyes de derechos de autor. Esta es una edición
electrónica (ebook), que no puede ser vendida o comercializada
bajo ninguna circunstancia, ni utilizada para fines que impliquen
interés monetario.

Resumen:

- una breve introducción
- La historia detrás del concepto
- Los 2 tipos de mecanismo
- ella esta en todas partes
- El mecanismo del problema.
- El mecanismo de solución
- El papel de la creatividad en la implementación del mecanismo.
- técnica de los 6 sombreros
- Conectando a las personas con el mecanismo único
- Conexión de los 2 mecanismos
- la estructura perfecta
- Conclusión

Una breve introducción

Es posible que ya hayas notado que el mercado es cada vez más competitivo y que es necesario destacarse para ser notado por los clientes y tener éxito en los negocios. Una de las mejores formas de diferenciarse de la competencia (quizás la única) es a través del motor único.

La estrategia de marketing que busca hacer que la marca sea única y admirada, despertando un deseo de misterio en los clientes y clientes potenciales.

Es como si la empresa tuviera un secreto que nadie más tiene y que hace que la gente se sienta atraída por la marca y quiera saber más sobre ella.

Para crear un mecanismo único, es necesario identificar qué hace que la marca sea especial y diferente de las demás. Puede ser un producto único, una historia inspiradora, una filosofía diferente o un servicio excepcional. Lo importante es que este diferencial sea valorado por los clientes y genere una conexión emocional con la marca.

Al utilizar el motor único como estrategia de marketing, la empresa puede obtener varios beneficios, como una mayor participación del cliente, una mayor lealtad a la marca y un aumento de las ventas. Además, la marca adquiere mayor relevancia en el mercado y puede consolidarse como referencia en su segmento.

Entonces, si desea destacarse de la competencia y ser una marca única y admirada, comience a pensar en cómo puede crear un motor único para su negocio. Identifica qué te hace especial y valora ese diferencial. Efectivamente, eso es lo que encontrarás aquí.

La historia detrás del concepto

El motor único es un enfoque estratégico que las empresas de todo el mundo están adoptando cada vez más.

Este enfoque consiste en crear un mensaje único y coherente que se transmita a través de todos los canales de marketing para crear una imagen de marca consistente y fortalecer la percepción de la empresa por parte del público objetivo.

Pero, ¿cómo surgió la idea de este motor de marketing único?

Para comprender mejor este concepto, debe retroceder algunas décadas en el tiempo y observar cómo ha evolucionado el marketing a lo largo de los años.

En los primeros días del marketing, el enfoque era más simple y directo. Empresas enfocadas en producir productos o servicios de calidad y venderlos a tantos clientes como sea posible. Se crearon campañas publicitarias con el objetivo de informar a los consumidores sobre los productos o servicios disponibles, destacando sus características y beneficios.

Con el tiempo, las empresas se dieron cuenta de que este enfoque no era suficiente para destacarse en un mercado cada vez más competitivo. Luego vinieron los primeros intentos de crear una imagen de marca que fuera algo más que un nombre o un logotipo. Las empresas comenzaron a invertir en campañas publicitarias más elaboradas que apelaran a las emociones y sentimientos de los consumidores.

Pero no fue hasta la década de 1980 que surgió la idea del motor de marketing único, que fue popularizado por autores como Al Ries y Jack Trout. Este enfoque se inspiró en la idea de que las empresas deben centrarse en un mensaje único y coherente en lugar de tratar de transmitir varios mensajes diferentes a la vez.

El concepto de un mecanismo de marketing único se basa en la idea de que las empresas deben identificar un único beneficio o característica de sus productos o servicios que sea realmente significativo para los consumidores. Esta característica debe enfatizarse en todas las campañas de marketing, independientemente del canal de comunicación utilizado.

El objetivo del mecanismo de marketing único es crear una imagen de marca sólida y coherente que el público objetivo reconozca fácilmente. Este enfoque tiene en cuenta el hecho de que los consumidores son bombardeados con una miríada de mensajes de marketing todos los días. Si una empresa intenta transmitir varios mensajes diferentes al mismo tiempo, corre el riesgo de confundir a los consumidores y diluir el conocimiento de la marca.

Por otro lado, si una empresa se enfoca en un solo mensaje que es realmente significativo para los consumidores, es más probable que cree una imagen de marca sólida y coherente. Este mensaje debe enfatizarse en todos los canales de comunicación utilizados por la empresa, desde la publicidad tradicional hasta las redes sociales y el marketing de contenidos.

Para ejemplificar esta idea, podemos pensar en empresas como Apple. La marca Apple es reconocida en todo el mundo por su mensaje único de innovación y diseño. Este mensaje se enfatiza en todas las campañas de marketing de la empresa, desde comerciales de televisión hasta páginas de productos en su sitio web. Como resultado, Apple ha logrado crear una imagen de marca sólida y coherente que es reconocida en todo el mundo.

La forma en que las personas ven el mundo e interpretan la información que reciben está influenciada por muchos factores, como sus experiencias de vida, habilidades, conocimientos, valores y creencias. Estos factores contribuyen a dar forma a la perspectiva de cada individuo, lo que a su vez conduce a diferentes formas de ver la misma solución.

Por ejemplo, supongamos que se llama a un equipo de profesionales para resolver un problema en una empresa. Cada miembro del equipo aportará su propia perspectiva en función de sus antecedentes, experiencias y habilidades. Algunos miembros del equipo pueden ser más analíticos y orientados a los detalles, mientras que otros pueden ser más creativos y pensar en soluciones innovadoras. Algunos pueden tener una visión más amplia del problema, mientras que otros pueden tener una visión más enfocada de aspectos específicos.

Además, las emociones y el estado emocional de una persona también pueden influir en su percepción e interpretación de una solución. Si alguien está pasando por un momento difícil o está estresado, puede que le resulte más difícil ver soluciones alternativas o tener la mente abierta a diferentes enfoques. Del mismo modo, es más probable que alguien que se sienta seguro y motivado considere soluciones creativas e innovadoras.

Las diferencias de perspectiva pueden generar discusiones acaloradas e incluso conflictos en un grupo de trabajo. Sin embargo, es importante recordar que estas diferencias pueden ser valiosas ya que le permiten al equipo ver el problema desde diferentes ángulos y, por lo tanto, llegar a soluciones más integrales y efectivas. Cuando las personas trabajan juntas, es importante reconocer y valorar estas diferencias, en lugar de tratar de suprimirlas.

Otro factor que puede influir en cómo las personas ven una solución es la cultura. La cultura de una persona puede influir en sus creencias y valores, lo que a su vez puede afectar su percepción de una solución. Por ejemplo, en algunas culturas se valora la creatividad, mientras que en otras es más importante el cumplimiento. Estas diferencias culturales pueden conducir a diferentes enfoques para resolver problemas.

Además, la forma en que se presenta la información también puede influir en la forma en que las personas ven una solución. Si la información se presenta de forma clara y concisa, será más fácil para las personas comprender el problema y las posibles soluciones. Por otro lado, si la información se presenta de forma confusa o desorganizada, puede dificultar la comprensión del problema y la identificación de soluciones.

Las diferencias de perspectiva también pueden estar influenciadas por la experiencia de una persona en un campo en particular. Por ejemplo, un ingeniero puede tener una perspectiva diferente sobre un problema que un experto en marketing. Estas diferencias pueden conducir a diferentes enfoques para resolver un problema y a soluciones más innovadoras y creativas.

Es importante recordar que las diferencias de perspectiva no son necesariamente un obstáculo para encontrar soluciones efectivas, sino una oportunidad para mejorar la creatividad y la colaboración dentro de un grupo. Cuando las personas comparten sus puntos de vista de manera abierta y respetuosa, puede generar un debate saludable y un enfoque más integral del problema. A veces, las soluciones más creativas se encuentran combinando diferentes ideas y perspectivas.

Vale la pena recordar que, en ciertos casos, las diferencias de perspectiva pueden ser un obstáculo para la toma de decisiones efectiva. Esto puede ocurrir cuando las personas tienen valores y creencias muy diferentes o cuando sus perspectivas son tan divergentes que no pueden ponerse de acuerdo. En estos casos, puede ser necesario buscar un mediador o un tercero que pueda ayudar a encontrar un camino común.

Para minimizar las diferencias de perspectiva, es importante que las personas tengan claras sus metas y expectativas. Esto puede ayudar a garantizar que todos estén en la misma página y trabajen para lograr los mismos objetivos. También es importante que todos los miembros del equipo tengan acceso a la misma información y tengan la oportunidad de expresar sus opiniones.

En resumen, las diferencias de perspectiva son una realidad en cualquier grupo o equipo, y pueden ser valiosas en la búsqueda de soluciones innovadoras y eficaces. Sin embargo, es importante recordar que estas diferencias también pueden generar conflictos y que se necesita un esfuerzo para garantizar que todos los miembros del equipo trabajen juntos hacia un objetivo común. Al reconocer y valorar estas diferencias, podemos aprovechar la diversidad de perspectivas para encontrar soluciones más creativas y efectivas a los desafíos que enfrentamos.

Los 2 tipos de mecanismo

El concepto de un solo problema y mecanismo de solución surgió de la necesidad de las empresas de destacarse en un mercado cada vez más competitivo y saturado. Las empresas se dieron cuenta de que necesitaban crear una estrategia de marketing más efectiva que fuera capaz de atraer la atención del público y crear una ventaja competitiva.

La idea detrás del motor único es bastante simple: identificar un problema común de la audiencia objetivo y proporcionar una solución única e innovadora para ese problema.

La estrategia se enfoca en encontrar un problema al que se enfrenta a diario el público objetivo y que aún no ha sido resuelto satisfactoriamente por otras empresas. A partir de ahí, la empresa crea una solución única que resuelve el problema de manera eficaz y eficiente.

El concepto de motor único fue popularizado por Donald Miller, autor de "Creando una StoryBrand: Clarifique su mensaje para que los clientes escuchen". Según Miller, la mayoría de las empresas no logran captar la atención del público porque no se comunican de manera clara y efectiva. Argumenta que las empresas deben poder comunicar su mensaje de manera clara y sencilla para que el público entienda qué problema resuelve la empresa y cómo lo resuelve.

Para implementar el mecanismo único de problema y solución, la empresa necesita seguir algunos pasos. En primer lugar, es necesario identificar el problema que enfrenta el público objetivo. Para ello, es importante realizar estudios de mercado y hablar con el público para entender cuáles son sus retos y frustraciones. Es necesario comprender el problema de manera profunda y detallada, para que la solución creada sea realmente efectiva y pertinente.

Una vez que se identifica el problema, la empresa necesita crear una solución única e innovadora para este problema. La solución debe ser capaz de resolver el problema de manera eficaz y eficiente, y debe diferenciarse de las soluciones que ofrecen otras empresas. Es importante que la solución sea fácil de entender y usar para que la audiencia entienda de inmediato cómo puede resolver su problema.

Para comunicar el motor único de manera efectiva, la empresa necesita crear un mensaje claro y simple que destaque la solución única que ofrece. El mensaje debe comunicar qué problema resuelve la empresa y cómo lo resuelve. Es importante que el mensaje sea fácil de entender y memorizar, para que el público recuerde a la empresa cuando necesite resolver el problema en cuestión.

El mecanismo único de problema y solución se puede aplicar a diferentes industrias. Las empresas de tecnología, por ejemplo, pueden identificar problemas comunes de los usuarios y crear soluciones únicas que mejoren la experiencia del usuario. Las empresas minoristas pueden identificar problemas comunes de los clientes y crear soluciones únicas que hagan que la experiencia de compra sea más placentera y conveniente.

Al implementar el mecanismo único de problema y solución, las empresas pueden destacarse en un mercado competitivo y crear una ventaja competitiva. La estrategia permite a las empresas comunicar de manera clara y efectiva cómo pueden resolver un problema específico de la audiencia objetivo, lo que la convierte en la opción obvia.

ella esta en todas partes

No hay forma de que puedas encontrar el mecanismo único sin él...

¡LA BÚSQUEDA!

Fundamental en todos los aspectos del marketing, desde la identificación de audiencias objetivo hasta la creación de mensajes de marketing efectivos. Cuando se trata de encontrar el motor único de su producto o servicio, la investigación es especial.

Puede implicar varios pasos, como análisis de datos de ventas, análisis de la competencia, entrevistas a clientes potenciales e investigación de mercado. Al realizar esta investigación, puede identificar las tendencias y necesidades del mercado y determinar cómo su producto o servicio puede satisfacer esas necesidades de manera única.

Por ejemplo, si está creando una nueva marca de cosméticos, puede realizar una investigación de mercado para averiguar qué problemas comunes enfrentan las personas con su piel y qué buscan en un producto para el cuidado de la piel. Con base en esta información, puede identificar un mecanismo único del problema que su producto puede resolver, como reducir el enrojecimiento de la piel o proporcionar una hidratación intensa.

La investigación también puede ayudarlo a identificar los vacíos en el mercado que su producto o servicio puede llenar. Por ejemplo, si nota que muchos productos para el cuidado de la piel están destinados a las mujeres y hay pocas opciones para los hombres, puede crear un motor de solución único que aborde específicamente las necesidades de los hombres.

Al realizar una investigación, es importante ser objetivo e imparcial, y no dejar que sus suposiciones personales influyan en sus resultados. Analice los datos cuidadosamente y esté dispuesto a escuchar comentarios negativos o críticas constructivas. Esto puede ayudarlo a identificar problemas que quizás no haya considerado anteriormente y encontrar soluciones más efectivas.

Recuerde también que la investigación no es un trabajo de una sola vez. A medida que su mercado y su negocio evolucionan, es importante continuar realizando investigaciones para asegurarse de estar actualizado sobre las necesidades del mercado y las tendencias de la industria. Esto puede ayudarlo a identificar nuevas oportunidades para el crecimiento comercial y mantener su ventaja competitiva.

En resumen, el motor de marketing único es un enfoque eficaz para destacarse de la competencia y atraer clientes potenciales. Sin embargo, identificar este mecanismo único no es una tarea fácil. Debe realizar una investigación exhaustiva para identificar las tendencias y necesidades del mercado y determinar cómo su producto o servicio puede satisfacer esas necesidades de manera única. Al hacer esto, puede crear una estrategia de marketing efectiva que construya su marca y atraiga clientes potenciales a su negocio.

El mecanismo del problema.

Imagina a un hombre en una playa, mirando al horizonte mientras espera una gran ola que está a punto de romper. Sabe que viene la ola y que lo engullirá, pero no sabe exactamente cómo prepararse para ella.

Esta escena puede verse como una analogía del mecanismo del problema en marketing. El hombre representa a la empresa o al emprendedor, que sabe que se avecina un problema pero aún no sabe cómo enfrentarlo. La ola representa el problema, que podría ser un cambio en el mercado, una nueva competencia o una nueva demanda de los clientes.

Al igual que el hombre en la playa, la empresa necesita estar preparada para enfrentar el problema que se avecina. Es necesario contar con estrategias y herramientas adecuadas para enfrentar el cambio y encontrar soluciones creativas para superar el problema.

Comenzar con el mecanismo del problema es el paso clave para encontrar soluciones eficientes y satisfactorias para su público objetivo. Para hacer esto, debe ir más allá de las cuestiones superficiales y profundizar en los problemas que enfrenta su audiencia.

Para empezar, es importante hacer las preguntas correctas para comprender todos los problemas que enfrenta su prospecto y cómo podría afectarlos la falta de su solución. También es necesario analizar las soluciones que ya ha encontrado y por qué no son efectivas para resolver el problema en cuestión.

Al encontrar un patrón en las respuestas, es posible identificar un posible síntoma y, a partir de ahí, buscar la raíz del problema. Es importante recordar que no hay atajos para este proceso y que se necesita un trabajo dedicado y persistente para encontrar el motor único que marcará la diferencia para su audiencia.

Si te das cuenta de que las soluciones que tu prospecto ya ha probado no llegan a la raíz del problema, estás a un paso de encontrar la solución ideal. Al comprender lo que impide que su prospecto logre los resultados deseados, puede crear una solución que satisfaga sus necesidades de manera efectiva.

No se conforme con soluciones superficiales y genéricas. Al profundizar en los problemas de su público objetivo y encontrar el mecanismo único que marcará la diferencia, puede ofrecer una solución que realmente marque la diferencia y gane la confianza y la lealtad de sus clientes.

Concéntrese en identificar y resolver un problema específico para su público objetivo. Es un enfoque que tiene como objetivo brindar una solución única a un problema al que se enfrentan muchas personas, con el fin de que la marca o el producto se destaquen en el mercado.

La idea es que, al presentar una solución innovadora y efectiva a un problema común, la empresa pueda atraer la atención y lealtad de los consumidores, generando más ventas y ganancias.

Aquí hay algunos ejemplos prácticos de cómo las empresas pueden usar el mecanismo único del problema en su estrategia de marketing digital:

club de afeitado dólar

Dollar Shave Club es una empresa de suscripción de hojas de afeitar que se enfoca en resolver un problema común: la compra frecuente y costosa de hojas de afeitar. En lugar de que los clientes vayan a la tienda a comprar las cuchillas, Dollar Shave Club**ofrece entrega mensual de hojas a domicilio por una tarifa fija.**

La empresa creó un video viral en el que el CEO Michael Dubin explica la propuesta de valor de la empresa de manera divertida e irreverente. El video atrajo millones de visitas y ayudó a la empresa a crecer rápidamente.

Uber

Uber es una aplicación de transporte que resuelve el problema de encontrar un taxi o transporte público confiable. Con Uber, puede solicitar un automóvil privado con solo unos pocos clics en su teléfono.

La empresa utilizó el mecanismo único del problema para destacarse en el mercado del transporte. Uber reconoció que muchas personas tenían problemas para encontrar un medio de transporte confiable y ideó una solución innovadora para resolver este problema.

buzón

Dropbox es una empresa de almacenamiento en la nube que se enfoca en resolver el problema del almacenamiento de datos. Muchas personas enfrentan el problema de no tener suficiente espacio para almacenar sus archivos en sus dispositivos.

Dropbox resuelve este problema al ofrecer un servicio de almacenamiento en la nube, que permite a las personas almacenar sus archivos en un lugar seguro y acceder a ellos desde cualquier parte del mundo.

netflix

Netflix es una empresa de transmisión de video que resuelve el problema de encontrar contenido de calidad para ver. Antes de la aparición de Netflix, muchas personas se enfrentaban al problema de no tener fácil acceso a películas y series de televisión de calidad.

Netflix ha resuelto este problema al crear una plataforma de transmisión de video que ofrece una amplia variedad de contenido de alta calidad para ver en cualquier momento y en cualquier lugar.

Amazonas

Amazon es una empresa de comercio electrónico que se enfoca en resolver el problema de encontrar y comprar productos de manera rápida y conveniente. Antes de Amazon, muchas personas se enfrentaban al problema de tener que acudir a la tienda física para comprar productos.

Amazon resolvió este problema al crear una plataforma de comercio electrónico fácil de usar que permite a los clientes comprar productos con solo unos pocos clics y recibirlos en la puerta de su casa.

El motor de problema único, en resumen, es un enfoque de marketing que se enfoca en identificar y presentar un problema único y específico que su producto o servicio puede resolver de manera única y efectiva. La idea es que al identificar y comunicar claramente el problema que resuelve tu producto o servicio, puedas diferenciarte de la competencia y aumentar la probabilidad de atraer clientes potenciales.

El mecanismo de solución

Definir el motor de solución es el siguiente paso crítico después de identificar el problema raíz que enfrenta su audiencia.

A partir de ahí, es necesario crear una solución que ataque directamente el problema de manera efectiva y que haga muy evidente cómo su mecanismo "corta el problema de raíz".

Para definir el mecanismo de la solución, es necesario responder algunas preguntas importantes. Primero, debe explicar por qué su solución es mejor que otras disponibles en el mercado. Para ello, es necesario resaltar los diferenciales y ventajas que ofrece en relación a las demás opciones.

Otra pregunta importante es qué aborda específicamente su solución en la raíz del problema. Debe explicar de manera clara y objetiva cómo su solución resuelve el problema de manera efectiva y por qué es la mejor opción para su público objetivo.

Un ejercicio importante para desarrollar una explicación clara y concisa de la eficacia de su solución es responder a la pregunta:<u>¿Por qué el cliente no tuvo éxito con las soluciones conocidas y cómo garantizará su solución el éxito del cliente?</u>

Es importante resaltar las debilidades de las soluciones disponibles en el mercado y explicar cómo su solución se diferencia al atacar directamente la raíz del problema. Es necesario mostrar cómo su solución presenta un mecanismo único que realmente marca la diferencia para resolver el problema que enfrenta su audiencia.

Además, es importante ofrecer ejemplos y casos de éxito reales de clientes que usaron tu solución y obtuvieron resultados efectivos. Esto ayuda a fortalecer la credibilidad de su solución y genera confianza con su público objetivo.

Otro punto importante a la hora de definir el mecanismo de solución es la sencillez y claridad de la explicación. Es necesario evitar términos técnicos complejos o explicaciones confusas que puedan dificultar la comprensión del público. La explicación debe ser clara, objetiva y fácil de entender para que el público objetivo pueda comprender la eficacia de su solución y se sienta seguro al usarla.

Finalmente, recuerde que definir el mecanismo de solución es un proceso continuo que puede requerir ajustes y adaptaciones a lo largo del tiempo. Es necesario estar siempre atento a las necesidades y demandas del público objetivo y buscar constantemente mejorar la solución para asegurar su efectividad y relevancia en el mercado.

Definir el mecanismo de solución es un paso fundamental para el éxito de cualquier empresa. Al crear una solución que ataca directamente la raíz del problema de su público objetivo, puede destacarse en el mercado y ganar la lealtad y la confianza de los clientes. Por ello, es importante invertir tiempo y dedicación en este proceso y buscar siempre ofrecer soluciones cada vez más eficaces y pertinentes.

El papel de la creatividad en la implementación del mecanismo.

El motor de marketing único es un enfoque estratégico que tiene como objetivo hacer que una empresa se destaque en el mercado a través de una propuesta de valor única y clara. Esta propuesta de valor es lo que diferencia a una empresa de las demás, haciéndola más atractiva para sus clientes y potenciales clientes.

Sin embargo, para implementar este enfoque con éxito, es fundamental contar con un elemento clave: la creatividad. La creatividad es clave para crear una propuesta de valor única y encontrar formas innovadoras de presentarla a su público objetivo.

Creatividad en la definición de la propuesta de valor única

La propuesta de valor única de una empresa es lo que la hace única y diferente de las demás. Es una declaración concisa que describe el valor que la empresa brinda a sus clientes y cómo se diferencia de la competencia.

Para definir una propuesta de valor única, se debe tener un conocimiento profundo del público objetivo, sus necesidades, deseos y desafíos. Debe pensar en cómo la empresa puede satisfacer estas necesidades de una manera que ninguna otra empresa pueda.

En este proceso de definición de la propuesta de valor, la creatividad es fundamental para encontrar soluciones innovadoras y diferenciadas. La creatividad puede ayudar a una empresa a pensar fuera de la caja y encontrar formas de satisfacer las necesidades de los clientes de una manera que no lo hacen los competidores.

Por ejemplo, si una empresa opera en el mercado de productos naturales, la única propuesta de valor puede ser ofrecer una amplia variedad de productos orgánicos y sostenibles, que ya es un diferenciador en el mercado. Sin embargo, si esta empresa usa la creatividad, puede crear una experiencia diferenciada para sus clientes, como una tienda con decoración temática de la naturaleza, eventos y talleres para promover un estilo de vida más saludable, entre otras ideas innovadoras.

Creatividad en la presentación de la propuesta de valor única

Además de definir la propuesta de valor, la creatividad también es importante en la forma en que se presenta al público objetivo. Una propuesta de valor única puede ser asombrosa, pero si no se presenta de una manera convincente y atractiva, no tendrá el impacto deseado.

La creatividad puede ayudar a una empresa a encontrar formas de presentar su propuesta de valor única de manera clara e impactante a través de diferentes canales de marketing. Por ejemplo, la empresa podría crear una campaña publicitaria con un video emotivo que cuente la historia de la marca y destaque la propuesta de valor única.

Otra idea sería crear un blog o podcast que aborde temas que sean relevantes para el público objetivo y que estén alineados con la propuesta de valor única de la empresa. Esto ayudará a la empresa a crear autoridad en el mercado y atraer a más clientes.

La creatividad también se puede aplicar en la creación de contenido para redes sociales, como publicaciones, imágenes y videos. Es importante que el contenido sea creativo y relevante para el público objetivo, y que se alinee con la propuesta de valor única de la empresa.

Creatividad en la resolución de problemas.

Uno de los sellos distintivos de la creatividad es la capacidad de encontrar soluciones a problemas complejos y desafiantes.

Y en el mundo del marketing, esta habilidad es fundamental para implementar con éxito el mecanismo único.

A lo largo de la implementación del mecanismo único, es probable que la empresa enfrente desafíos y obstáculos. Estos desafíos pueden incluir la falta de recursos, la competencia feroz o incluso cambios repentinos en el mercado. En estos momentos, la creatividad puede ser la clave para encontrar soluciones innovadoras y superar estos obstáculos.

Por ejemplo, si la empresa tiene dificultades para destacarse en el mercado, la creatividad puede ayudar a encontrar nuevos canales de marketing o estrategias de comunicación que aún no han sido exploradas por los competidores. La empresa puede usar la creatividad para idear un enfoque diferente para llegar a su público objetivo.

Además, la creatividad también se puede utilizar para mejorar las estrategias de marketing ya implementadas. La empresa puede experimentar con nuevos enfoques, probar diferentes canales de marketing y crear contenido innovador para atraer de manera más efectiva al público objetivo.

La creatividad también puede ayudar a la empresa a adaptarse a los cambios del mercado. En un mercado en constante evolución, es esencial que las empresas estén dispuestas a adaptarse y cambiar su enfoque de acuerdo con las necesidades del mercado. Y la creatividad puede ser la clave para encontrar nuevas soluciones e ideas que ayuden a la empresa a seguir siendo relevante y competitiva.

El motor único del marketing es un enfoque estratégico que puede ayudar a las empresas a destacarse en el mercado y atraer a más clientes. Sin embargo, para implementarlo con éxito, la creatividad es fundamental.

Las empresas que incorporan la creatividad en su enfoque de marketing tienen más probabilidades de encontrar soluciones innovadoras y crear una experiencia única para sus clientes. Y eso puede marcar la diferencia en el éxito y la longevidad de la empresa en el mercado.

La creatividad es clave para crear el mecanismo único en una estrategia de marketing. Aquí hay algunas técnicas que pueden ayudar a despertar su creatividad y encontrar soluciones innovadoras:

Lluvia de ideas: esta técnica consiste en generar ideas en grupo, sin juzgar ni criticar. El objetivo es generar tantas ideas como sea posible en un corto período de tiempo, que luego serán analizadas para seleccionar las mejores. La lluvia de ideas se puede hacer en equipo o individualmente.

Mapa mental: esta técnica consiste en crear un mapa visual de ideas y conceptos que se conectan entre sí. Los mapas mentales pueden ayudar a organizar ideas y encontrar nuevas conexiones y soluciones creativas.

Pensamiento lateral: esta técnica implica un enfoque no lineal e inusual para la resolución de problemas. En lugar de seguir una línea de pensamiento lógica y tradicional, el pensamiento lateral fomenta la búsqueda de soluciones inesperadas y creativas.

Analogías: La técnica de la analogía consiste en comparar ideas y conceptos aparentemente diferentes, buscando similitudes y posibles soluciones creativas. Esta técnica puede ayudarlo a pensar fuera de la caja y encontrar nuevas perspectivas.

Observación e investigación: Para encontrar soluciones creativas, es importante observar el mercado, el público objetivo y la competencia. La investigación y la observación pueden proporcionar información valiosa que se puede utilizar para crear el motor único.

Estas son solo algunas técnicas que pueden ayudar a despertar la creatividad en la creación del mecanismo único en una estrategia de marketing. Es importante recordar que todos tienen un proceso creativo diferente y que necesitas experimentar con diferentes técnicas hasta que encuentres lo que funciona mejor para ti.

técnica de los 6 sombreros

La Técnica de los Seis Sombreros fue creada por el escritor y consultor Edward de Bono para ayudar a las personas a pensar de manera más creativa y efectiva en grupos. La técnica implica usar seis "sombreros mentales" diferentes, cada uno de los cuales representa una forma diferente de pensar y abordar el problema en cuestión.

Cada uno de los seis sombreros representa una forma diferente de pensar:

Sombrero blanco: representa información objetiva y fáctica, los hechos y cifras que ayudan a sustentar ideas y tomar decisiones racionalmente.

Sombrero rojo: representa la intuición, las emociones y las reacciones personales ante el problema en cuestión. Es hora de expresar sentimientos, intuiciones y conjeturas.

Sombrero negro: representa el juicio crítico y la evaluación negativa de ideas, argumentos y soluciones propuestas. Es hora de analizar las debilidades y lagunas en la lógica.

Sombrero amarillo: representa optimismo, evaluación positiva y reconocimiento de ideas y soluciones propuestas. Es hora de valorar las fortalezas y oportunidades.

Sombrero verde: representa la creatividad y la generación de ideas nuevas e innovadoras. Es hora de pensar fuera de la caja, explorar nuevas posibilidades y encontrar soluciones inusuales.

Sombrero azul: representa la visión general, la gestión de procesos y la organización de ideas y soluciones propuestas. Es hora de evaluar la efectividad de las estrategias propuestas y pensar en el siguiente paso.

La idea de la técnica es que, al utilizar cada uno de estos sombreros por separado y de manera sistemática, los participantes puedan explorar el problema en cuestión de manera más completa y eficiente, evaluándolo desde diferentes ángulos y encontrando soluciones más creativas e innovadoras.

La Técnica de los Seis Sombreros se puede utilizar en diferentes situaciones, como en reuniones de equipo, en la elaboración de proyectos y estrategias de marketing, en el desarrollo de nuevos productos o servicios, entre otros. Para utilizar la técnica, es importante establecer reglas claras para su aplicación, como definir el tiempo de cada paso, respetar el turno de cada participante y evitar críticas y juicios prematuros.

Conectando a las personas con el mecanismo único

El mecanismo único es un enfoque de marketing que tiene como objetivo identificar y resaltar la singularidad de un producto o servicio en relación con sus competidores. Sin embargo, es importante resaltar que esta singularidad solo es posible gracias a la presencia e influencia de las personas en el proceso de creación y uso de los productos.

Las personas son el centro del mecanismo único, ya que son ellas quienes identifican los problemas que necesitan ser resueltos y buscan soluciones que satisfagan sus necesidades y deseos. También son quienes evalúan y comparan las opciones disponibles en el mercado y deciden qué producto o servicio es el más adecuado para sus demandas.

Además, las personas también son responsables de aportar ideas y comentarios que ayuden a mejorar y perfeccionar los productos y servicios ofrecidos. A partir de esta información, las empresas pueden identificar las fortalezas y debilidades de sus productos, así como las oportunidades de mejora e innovación.

Es importante resaltar que el mecanismo único no es una estrategia única y definitiva, sino un proceso continuo de superación y mejora. Las empresas necesitan estar constantemente atentas a las demandas y expectativas de los consumidores para identificar nuevas oportunidades de desarrollo e innovación.

Es fundamental que las empresas inviertan en estudios de mercado y análisis de datos para comprender las necesidades y los deseos de sus consumidores. A partir de esta información, es posible desarrollar productos y servicios que satisfagan las demandas del público objetivo, haciéndolos únicos en relación con sus competidores.

Sin embargo, la creación de un mecanismo único no debe verse como un proceso aislado restringido a las empresas. Las personas también tienen un papel importante en este proceso, ya que son ellas las que identifican las necesidades y problemas a resolver.

Las empresas deben estar abiertas a escuchar y considerar las opiniones y comentarios de sus clientes para mejorar y perfeccionar sus productos y servicios. Además, las empresas también pueden fomentar la participación activa de los consumidores en la creación y desarrollo de nuevos productos, a través de encuestas de opinión y grupos de discusión.

En resumen, el mecanismo único solo existe gracias a las personas, ya que son ellas las que identifican las necesidades y los problemas a resolver, así como las soluciones que mejor se adaptan a sus demandas. Las empresas necesitan estar constantemente al tanto de las necesidades y expectativas de su público objetivo para desarrollar productos y servicios que sean únicos y diferenciados de sus competidores.

Por lo tanto, es importante que las empresas inviertan en estudios de mercado y análisis de datos para comprender las necesidades y los deseos de los consumidores. Además, las empresas también deben estar abiertas a escuchar y considerar los comentarios y opiniones de sus clientes para mejorar y perfeccionar sus productos y servicios. Solo así es posible crear un mecanismo único, verdaderamente eficiente y eficaz.

Conexión de los 2 mecanismos

El mecanismo único de la solución es la clave para resolver un problema específico, pero su existencia está directamente relacionada con el mecanismo único del problema en cuestión. En otras palabras, es imposible tener una solución única y efectiva sin entender profundamente la raíz del problema que se busca resolver.

Imagine un paciente con dolores de cabeza constantes. Si un médico solo prescribe un analgésico, puede aliviar el dolor temporalmente, pero no atacará la raíz del problema. El único mecanismo de este problema podría ser una dieta desequilibrada, la falta de sueño o incluso un problema de visión que provoca tensión muscular en la región de la cabeza.

Al comprender la raíz del problema, el médico podrá prescribir un tratamiento específico que no solo aliviará el dolor, sino que abordará la causa subyacente. Asimismo, al definir el mecanismo único del problema, es posible desarrollar una solución única y efectiva que ataque ese problema de frente.

Por ejemplo, si el problema es la falta de eficiencia en un proceso de producción en una fábrica, es necesario comprender las razones de esta ineficiencia. El mecanismo único podría ser una máquina específica que falla constantemente, un empleado que no está debidamente capacitado o un proceso mal estructurado.

Al comprender el mecanismo único del problema, es posible desarrollar una solución única que ataque este problema de frente. Puede ser una máquina más moderna que no se averíe, una formación específica para el empleado o una reestructuración del proceso productivo para hacerlo más eficiente.

En otras palabras, el mecanismo único de la solución se crea a partir de la comprensión profunda del mecanismo único del problema. Esto es esencial para desarrollar una solución efectiva y única que realmente resuelva el problema y no solo alivie los síntomas.

Muchas empresas cometen el error de desarrollar soluciones que no abordan el mecanismo único del problema, lo que da como resultado una solución que no satisface las necesidades del cliente. Por lo tanto, es necesario adoptar un enfoque orientado al cliente y comprender profundamente sus necesidades y problemas antes de desarrollar una solución.

Al comprender la raíz del problema, también es posible desarrollar soluciones que no solo ataquen el problema de frente, sino que también resuelvan problemas subyacentes o problemas secundarios que surgen del problema principal. Esto puede ser especialmente valioso para los clientes, que a menudo experimentan varios problemas al mismo tiempo.

Basta con mirar estos ejemplos a continuación:

Mecanismo único del problema: el dilema de los refrigerios nocturnos. Muchas personas luchan por evitar los refrigerios nocturnos, lo que puede descarrilar sus objetivos de dieta y pérdida de peso.
Mecanismo único de solución: estrategias para lidiar con el hambre por la noche, como tener opciones de bocadillos saludables listos para comer, beber agua o té y establecer horarios específicos para las comidas.

Mecanismo Único del Problema: Sedentarismo. Con el estilo de vida moderno, muchas personas pasan la mayor parte del tiempo sentadas, lo que puede provocar aumento de peso y problemas de salud.
Mecanismo Único de Solución: Fomento de la actividad física, incluyendo ideas de ejercicios sencillos que se pueden hacer

en casa o en la oficina, y estrategias para hacer más activa la rutina diaria.

Mecanismo Único del Problema: El hábito de comer fuera. Muchas personas tienen dificultades para mantener una dieta saludable cuando salen a comer, ya sea en restaurantes o establecimientos de comida rápida.

Mecanismo único de la solución: consejos para elegir opciones más saludables en los restaurantes, como mirar la información nutricional en el menú, hacer modificaciones simples en los platos y tener un plan antes de salir de casa.

Mecanismo Único del Problema: Azúcar oculta en los alimentos. Los alimentos que parecen saludables a menudo contienen grandes cantidades de azúcar añadida, lo que puede sabotear una dieta para bajar de peso.

Mecanismo de solución única: educación sobre la lectura de etiquetas e identificación de azúcares ocultos en alimentos aparentemente saludables, así como sugerencias de alternativas más saludables.

Mecanismo Único del Problema: Falta de tiempo para cocinar. Muchas personas luchan por encontrar tiempo para cocinar comidas saludables en casa, lo que puede conducir a elecciones de alimentos menos saludables. Mecanismo Único de la Solución: Consejos para preparar comidas saludables en poco tiempo, cómo utilizar ingredientes preparados y recetas sencillas, así como sugerencias de comidas saludables para comer fuera de casa.

Mecanismo único del problema: antojos de alimentos ricos en grasas y carbohidratos. Muchas personas luchan contra los antojos de alimentos que no son saludables para una dieta para bajar de peso. Mecanismo único de solución: estrategias para lidiar con los antojos de alimentos, como distraerse con otras actividades, tomar decisiones más saludables y permitirse una pequeña cantidad de la comida deseada.

Ahora, vea algunos ejemplos reales de cómo se implementaron en la práctica.

Utilizado por la compañía de suplementos dietéticos BioFit. Usan el motor único de la solución, que presenta un producto que contiene una combinación específica de probióticos que, según la compañía, ayuda a reducir la inflamación, mejora la salud digestiva y, en última instancia, ayuda a perder peso.

Otro ejemplo interesante es el mecanismo único del problema utilizado por el programa de pérdida de peso Whole30. Se enfocan en identificar y eliminar los alimentos inflamatorios que pueden estar causando el aumento de peso y otros problemas de salud. Afirman que siguiendo su dieta estricta durante 30 días, los participantes pueden sanar su cuerpo y mejorar significativamente su salud.

La compañía de batidos de proteínas IdealShape utiliza un motor único de la solución, promoviendo batidos que ayudan a controlar el apetito y reemplazan comidas poco saludables como la comida rápida. Afirman que sus batidos son una forma fácil y conveniente de obtener los nutrientes que su cuerpo necesita sin excederse en calorías.

Y el último ejemplo de motor único de la solución es la empresa de ropa deportiva Athleta. Se enfocan en crear ropa cómoda y elegante para mujeres que quieren hacer ejercicio y sentirse bien mientras lo hacen. La compañía afirma que su ropa está hecha con telas de alta calidad y diseñada para ayudar a las mujeres a moverse libremente sin restricciones.

la estructura perfecta

En marketing, existen algunos marcos y preguntas que pueden ser útiles para crear un mecanismo único, tales como:

Análisis de la competencia: es importante comprender qué ofrecen sus competidores y cómo se están posicionando en el mercado. Esto puede ayudarlo a identificar oportunidades para diferenciarse y crear un motor único que satisfaga las necesidades y los deseos de los clientes de manera diferente a la competencia.

Definición del público objetivo: Es fundamental conocer a tu público objetivo y entender sus necesidades, deseos y comportamiento de compra. Con base en esta información, es posible crear un mecanismo único que satisfaga las necesidades específicas de este grupo de clientes.

Identificación de valor único: Pregúntese: ¿Qué hace que mi producto o servicio sea único? ¿Qué te aparta de la competición? ¿Qué lo convierte en la mejor opción para mi público objetivo? Identificar el valor único de su producto o servicio puede ayudar a crear un motor único y sólido.

Desarrollo de la propuesta de valor: la propuesta de valor es una declaración clara y concisa que comunica el valor único que su producto o servicio ofrece a los clientes. Es importante desarrollar una propuesta de valor fuerte y clara para ayudar a diferenciar su marca y crear un motor único.

Prueba y validación: después de desarrollar un mecanismo único, es importante probarlo y validarlo con clientes reales. Esto puede ayudar a identificar las fortalezas y debilidades y refinar el mecanismo único para hacerlo más efectivo.

Para encontrar una forma única de hacer que su producto sea atractivo, puede hacerse las siguientes preguntas:

¿Quién es mi público objetivo y cuáles son sus necesidades y deseos?

¿Qué hace que mi producto sea diferente de los productos de la competencia y cómo puedo resaltar estas diferencias?

¿Cuáles son las características y los beneficios más valiosos de mi producto y cómo puedo comunicarlos de manera clara y atractiva a mi público objetivo?

¿Cuál es el tono y el mensaje más apropiado para mi marca y cómo puedo transmitirlo de manera efectiva?

¿Cómo puedo crear una experiencia de usuario única y agradable en torno a mi producto, ya sea a través del embalaje, el servicio de atención al cliente u otras iniciativas?

Respondiendo a estas preguntas estarás en el camino correcto.

Conclusión

Espero que quede claro cuán importante puede ser un solo motor para el éxito de una marca en el mercado. Creando un diferencial valorado por los clientes y generando una conexión emocional con la marca, es posible diferenciarse de la competencia y convertirse en una referencia en el segmento.

Es importante recordar que crear el mecanismo único requiere dedicación y trabajo, pero los resultados pueden ser muy positivos. Mediante el uso de esta estrategia de marketing, la empresa puede aumentar la lealtad del cliente, el compromiso con la marca y, en consecuencia, aumentar las ventas.

Por lo tanto, si busca destacarse en el mercado y desea crear una marca única y admirada, comience a pensar en cómo puede utilizar el mecanismo único a su favor. Identifica qué hace especial a tu marca y valora ese diferencial. Con trabajo duro y dedicación, estoy seguro de que puedes lograr el éxito que deseas.

¿Quién es Matheus Martins Soares?

 Matheus es Ex-Militar / Agente Presidencial, graduado en Marketing desde 2018 y especialista en redacción publicitaria. Ha escrito para más de 27 nichos diferentes, mostrando su capacidad de adaptación a diferentes temas y audiencias. A lo largo de su carrera, ha trabajado en grandes empresas, como la revista de negocios más grande del país y la consultoría de marketing más grande de Brasil. Contribuyó al éxito de importantes campañas, generando +30mm en ventas para sus clientes. Publicó más de 100 libros en Amazon y ganó lectores en más de 10 países diferentes. Experto en StoryTelling y UX Writing, también trabaja entre bastidores como GhostWriter, dando voz a las ideas e historias de otras personas. Su método es capaz de escribir un libro en menos de 24 horas.

Con visión estratégica y conocimientos en marketing, ayuda a empresas, autores y proyectos literarios a alcanzar el éxito. Se encontró en el mundo del marketing, la escritura y el comportamiento humano, su capacidad de adaptarse a diferentes desafíos es un diferencial que lo hace destacar en su campo.